essentials

essentials liefern aktuelles Wissen in konzentrierter Form. Die Essenz dessen, worauf es als „State-of-the-Art" in der gegenwärtigen Fachdiskussion oder in der Praxis ankommt. *essentials* informieren schnell, unkompliziert und verständlich

- als Einführung in ein aktuelles Thema aus Ihrem Fachgebiet
- als Einstieg in ein für Sie noch unbekanntes Themenfeld
- als Einblick, um zum Thema mitreden zu können

Die Bücher in elektronischer und gedruckter Form bringen das Expertenwissen von Springer-Fachautoren kompakt zur Darstellung. Sie sind besonders für die Nutzung als eBook auf Tablet-PCs, eBook-Readern und Smartphones geeignet. *essentials:* Wissensbausteine aus den Wirtschafts-, Sozial- und Geisteswissenschaften, aus Technik und Naturwissenschaften sowie aus Medizin, Psychologie und Gesundheitsberufen. Von renommierten Autoren aller Springer-Verlagsmarken.

Weitere Bände in der Reihe http://www.springer.com/series/13088

Frank Bertagnolli · Susanne Bohn
Frank Waible

Change Canvas

Strukturierter visueller Ansatz für Change Management in einem agilen Umfeld

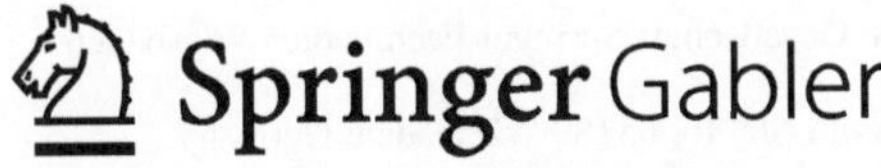

Frank Bertagnolli
Pforzheim, Deutschland

Frank Waible
Weinheim, Deutschland

Susanne Bohn
Nürnberg, Deutschland

ISSN 2197-6708
essentials
ISBN 978-3-658-23029-6
https://doi.org/10.1007/978-3-658-23030-2

ISSN 2197-6716   (electronic)

ISBN 978-3-658-23030-2   (eBook)

Die Deutsche Nationalbibliothek verzeichnet diese Publikation in der Deutschen Nationalbibliografie; detaillierte bibliografische Daten sind im Internet über http://dnb.d-nb.de abrufbar.

Springer Gabler

Springer Gabler ist ein Imprint der eingetragenen Gesellschaft Springer Fachmedien Wiesbaden GmbH und ist ein Teil von Springer Nature
Die Anschrift der Gesellschaft ist: Abraham-Lincoln-Str. 46, 65189 Wiesbaden, Germany

Was Sie in diesem *essential* finden können

- Ein neues und einfaches Werkzeug „Change Canvas" zur ganzheitlichen Begleitung von Veränderungsprozessen
- Vorlagen des Change Canvas zur Visualisierung
- Eine Prozessanleitung für einen gemeinschaftlich gestalteten Veränderungsprozess mit Mitarbeitern und Führungskräften
- Eine Vorgehensweise für das Change Management unter Berücksichtigung von Aspekten zur Beschleunigung der Veränderung
- Fragestellungen zur Unterstützung der einzelnen Veränderungsaspekte
- Konkrete Methoden und Beispiele passend zum Change Canvas

Vorwort

Seit vielen Jahren arbeiten wir in unterschiedlichen Rollen an Veränderungsprojekten in der Wirtschaft. In Führungskräftetrainings, Veränderungsprozessen und in Coachings kommt dann häufig die Frage auf, wie eine Veränderung möglichst schnell umgesetzt werden kann – am besten und liebsten sofort. Diese gewünschte Zauberei, dass die Veränderung quasi über Nacht erledigt ist, gibt es bekannterweise nicht. Eine förderliche Grundhaltung und die richtigen Werkzeuge für ein gutes Veränderungsumfeld sind wichtige Faktoren für eine zielführende Veränderung.

Eine passende methodische Vorgehensweise fassen wir in diesem Buch in einem zentralen Format zusammen, wir nennen es „Change Canvas" und geben damit ein visuelles Werkzeug an die Hand, mit dem jeder in der Lage sein soll, Veränderungen zu begreifen und zu gestalten. Festgelegt ist es nicht. Natürlich kann das Format je nach Situation adaptiert oder weiterentwickelt werden.

In diesem Buch wurden im Kontext des „Change Canvas" verschiedene Fragestellungen gesammelt. So, wie ein Trainer diese Fragen stellen würde, erlaubt dies dem Leser das Change Canvas selbstständig zu befüllen.

Für einen guten Lesefluss werden in diesem Buch männliche Formen benutzt. Dies soll keine Bevorzugung oder Zurücksetzung einer Geschlechterform darstellen. Alle Bezeichnungen schließen selbstverständlich immer die weibliche Form mit ein.

Frank Bertagnolli
Susanne Bohn
Frank Waible

Inhaltsverzeichnis

Einführung 1

In der Einführung werden einige wichtige Themenfelder der Veränderungen beschrieben. Der Prozess, welcher die Veränderungen beschreibt, wird genauer vorgestellt und bildet den Rahmen für das später folgende „Change Canvas". Vorgestellt werden die verschiedenen Dimensionen, in denen Veränderungen ablaufen und Berücksichtigung finden müssen. Neuere Themen, wie das „Lean Change Management", werden aufgegriffen.

1.1 Veränderungsprozess

Veränderungen finden in Organisationen permanent statt. Die Beispiele sind vielfältig und bekannt. Die folgende Aufzählung zeigt einige Beispiele für solche Veränderungsprozesse.

- Veränderungen auf der Ebene der Mitarbeiter: Neue Mitarbeiter kommen in ein Team, andere verlassen es
- Veränderungen auf der Ebene der Führungskräfte
- Umstrukturierungen in der Organisation
- Neue Projekte
- Einführung neuer Methoden
- Einführung neuer Standards aufgrund von Verbesserungen oder Problemlösungen
- Neue Produkte, Märkte, Kunden, Lieferanten oder Partner
- Veränderungen in den Unternehmenszielen und der Strategie.

© Springer Fachmedien Wiesbaden GmbH, ein Teil von Springer Nature 2018
F. Bertagnolli et al., *Change Canvas*, essentials,
https://doi.org/10.1007/978-3-658-23030-2_1

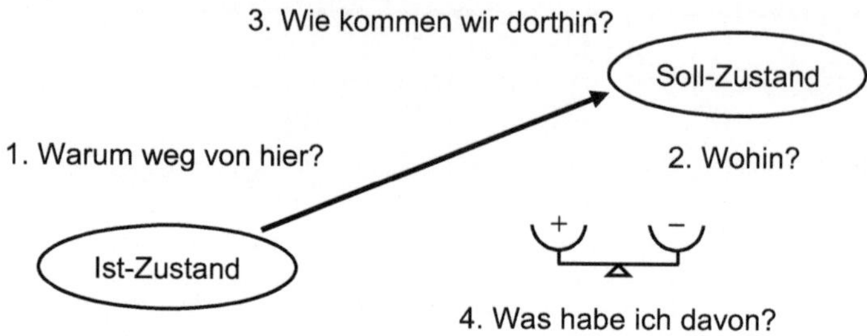

Abb. 1.1 Der Veränderungsprozess (schematisch): Vom Ist-Zustand zum Soll-Zustand

Ein Veränderungsprozess läuft vom Grundsatz her immer nach denselben Fragestellungen ab. Zuerst dreht sich alles um die Analyse des aktuellen Ist-Zustands und der damit verbundenen Fragestellung „Warum weg von hier?" Im nächsten Schritt wird ein neuer Soll-Zustand definiert. Die Beschreibung dieses Zustandes nennen wir eine Vision und die Basis dafür bildet die Frage nach dem „Wohin". Der Weg vom Ist-Zustand zum Soll-Zustand beschreibt die Strategie. Sie wird durch das Change Management gestaltet und begleitet. Die dazugehörige Fragestellung lautet: „Wie kommen wir dorthin?" Abschließend wird eine Abwägung des Wandels nach Vor- und Nachteilen für jede Person durchgeführt: „Was habe ich davon?" Die Abb. 1.1 zeigt diesen Veränderungsprozess schematisch auf.

1.2 Dimensionen der Veränderung

Bei Veränderungsprozessen werden drei verschiedene Dimensionen bzw. Ebenen betrachtet. Neben der Strategie werden die Prozesse angepasst und ebenso die Kultur verändert (Abb. 1.2).

Nur wenn die Veränderung in allen drei Dimensionen bearbeitet bzw. begleitet wird, kann diese erfolgreich sein. Während die Prozessveränderungen und die

Abb. 1.2 Darstellung der Veränderungsdimensionen Strategie, Prozess und Kultur

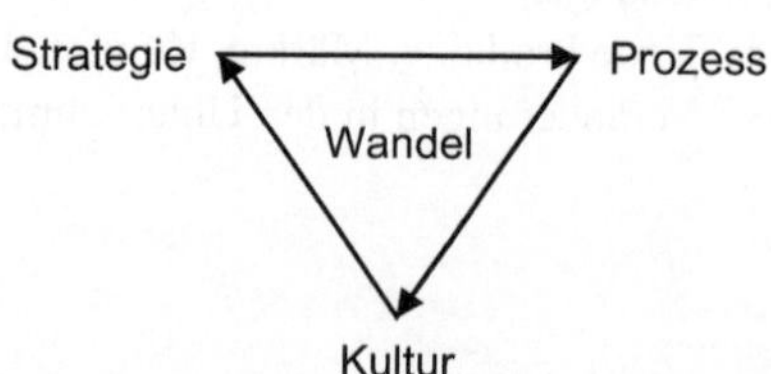

Verankerung der Veränderung durch eine Strategie in der Regel weit verbreitet sind, wird die Dimension der Kultur meist sehr vernachlässigt. Dies liegt daran, dass die Kulturebene nicht einfach begreifbar und sichtbar ist, wie eine quantifizierbare Prozessveränderung. Doch die kulturelle Dimension einer Veränderung ist die Wichtigste.

Es ist festzuhalten, dass für eine erfolgreiche Veränderung die Beachtung und Bearbeitung aller drei Dimensionen erforderlich sind.

1.3 Mensch im Mittelpunkt

Natürlich darf bei Veränderungen der Mensch als Erfolgsfaktor nicht fehlen. Veränderungen betreffen in erster Linie immer die Menschen.

Bei jeder Veränderung durchlaufen Menschen die emotional orientierte intrinsische Veränderungskurve (Abb. 1.3). Sie wird meistens auch Change-Kurve genannt. Diese Kurve liefert wichtige Hinweise für Führungskräfte über das Veränderungsverhalten von Mitarbeitern.

Werden Menschen in Veränderungen nicht aktiv eingebunden oder nicht beachtet, wird der auftretende Widerstand noch stärker und letztendlich zu einer

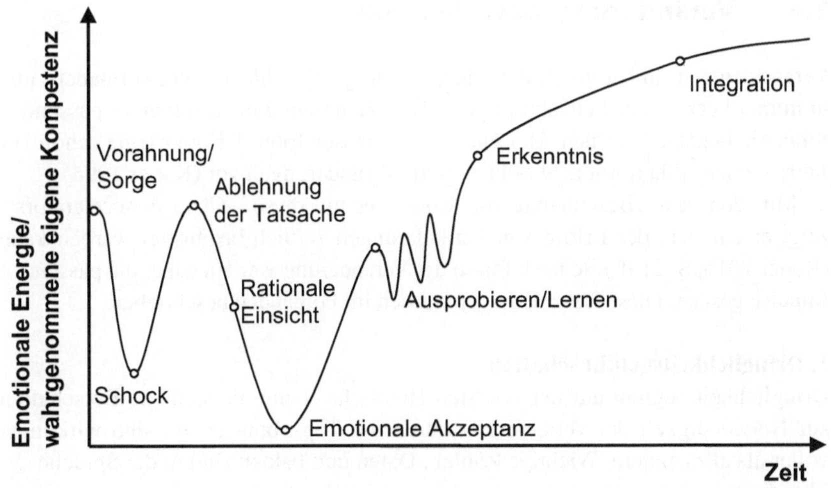

Abb. 1.3 Intrinsische Veränderungskurve, erweitert auf der Basis von Streich (1997, S. 243)

Blockade. Ziel muss es sein, den Widerstand zu bearbeiten und sich mit ihm zu beschäftigen. Selbstverständlich ist dies in der Regel nicht.

Werden nur Prozesse berücksichtigt oder wird ausschließlich die Wirtschaftlichkeit in den Mittelpunkt gestellt, wird der Wandel scheitern. Sind die Betroffenen nicht eingebunden, dann ist eine Umsetzung schwieriger als nötig. Dabei ist es notwendiger denn je, die Mitarbeiter aktiv in den Wandel mit einzubeziehen (vgl. Abschn. 3.4). Dies unterstützt den Wunsch bei allen, einen Wandel einfacher und schneller durchzuführen. Die betroffenen Menschen benötigen hierfür eine professionelle Begleitung durch den Veränderungsprozess.

Nachweislich sind Veränderungsprojekte erfolgreicher, wenn die Unternehmen neben der inhaltlichen auch die persönliche Ebene der Beteiligten im Blick haben (Fraunhofer 2011, S. 6 f.). Das „Lean Change Management" (Abschn. 1.5) sieht dies durch die Verwendung des Change Canvas ausdrücklich vor:

- klare Herausarbeitung und Dokumentation der Auswirkungen der Veränderung auf unterschiedliche Zielgruppen,
- Erarbeitungen zur Erreichung einer Zustimmung und Beteiligung der Betroffenen,
- situative Anpassung des Führungsverhaltens.

1.4   Veränderungsbeschleuniger

Veränderungen finden durch die allgegenwärtige Beschleunigung permanent und in immer kürzeren Zyklen statt. Dieser Beschleunigung muss mit einer passenden Strategie begegnet werden. Der Harvard-Professor John P. Kotter legte schon vor Jahren einen Ablauf mit acht Schritten für Veränderungen vor (Kotter 1996).

Mit den acht Beschleunigern, Kotter nennt diese „Change-Accelerators", zeigt er auf, wie der Erfolg von Veränderungen zeitlich begünstigt werden kann (Kotter 2015, S. 21 ff.). Je nach Phase der Veränderung werden dabei die passenden Impulse gesetzt. Diese Beschleuniger werden im Folgenden beschrieben.

1. Dringlichkeitsgefühl schaffen

Dringlichkeit beginnt auf der obersten Hierarchieebene. Persönliche Botschaften zur Notwendigkeit der Veränderung durch das Top-Management sind wirkungsvoller als alles andere. Wichtige Zahlen, Daten und Fakten sind in die Sprache der Mitarbeiter zu übersetzen. Es ist spürbar zu verdeutlichen, was passieren würde, wenn die Veränderung aktuell nicht angegangen würde. Alle Risiken und Möglichkeiten der Veränderung sind so verständlich und so emotional wie möglich aufzuzeigen.

2. Führungskoalition aufbauen

Es ist Sorge zu tragen, dass ein kompetentes Team durch die Transformation führt. Das Team sollte über Führungsqualitäten, Glaubwürdigkeit, analytische und kommunikative Fähigkeiten, Durchsetzungskraft und anhaltendes Engagement verfügen. Das Führungsteam bzw. das Projektleitungsteam benötigt Machtbefugnisse, um wichtige Entscheidungen schnell treffen zu können. Daher sollen die Mitglieder ein starkes Netzwerk aus unterschiedlichen Hierarchieebenen darstellen. Sie müssen mit einem großen Vertrauensvorschuss durch das Management und durch die betroffenen Mitarbeiter ausgestattet sein.

3. Strategische Vision und Initiativen formulieren

Zu klären ist, wieweit sich die Zukunft von der Vergangenheit unterscheiden wird und wie diese Zukunft zur Realität gemacht werden kann. Bei der Ausgestaltung der Vision ist die Vorstellung des Top-Managements und möglichst vieler engagierter Beteiligter aus der gesamten Organisation mit einzubeziehen. Es muss möglichst genau beschrieben werden, auf was die Beteiligten in Zukunft stolz sein können und wovon die Kunden begeistert sind. Eine Roadmap ist zu entwickeln, die einfach und nachvollziehbar aufzeigt, wie die Vision konkret umgesetzt werden kann.

4. Freiwillige mobilisieren

Werden die Betroffenen nicht eingebunden, wird eine Veränderung auf der kulturellen Ebene schiefgehen. Betroffene müssen beteiligt, eingebunden und befähigt werden. Die Identifikation mit der Vision und der Veränderung sind essenziell wichtig, um eine breite Mitarbeiterbasis zu mobilisieren und mitzunehmen.

5. Barrieren abbauen

Es sind möglichst viele Hindernisse zu beseitigen, damit sich diejenigen einbringen können, welche die Vision verwirklichen wollen. Eine direkte Kommunikation mit dem Projektleitungsteam, anstelle über die üblichen Hierarchiewege, ist wichtig. So können kundenrelevante und wichtige Änderungen, welche der Vision dienen, schnell und unkompliziert umgesetzt werden.

6. Kurzfristige Erfolge erzielen

Erste sichtbare Erfolge sind so schnell wie möglich zu erzielen. Sollten keine „Short-Term-Wins" bzw. „Quick-Wins" erfolgen, ist dies eine Warnung. Dann gilt es, die Entscheidungen und strategischen Schritte zu überdenken und ggfs. anzupassen, sodass kurzfristige Erfolge realisierbar sind. Diese sollen allen deutlich zeigen, dass die geplanten Veränderungsschritte tatsächlich gewinnbringend sind.

7. Kontinuierlich Gas geben

Veränderungen müssen permanent vorangetrieben werden. Da anderweitig die Gefahr besteht, dass nach den ersten Erfolgen aufgehört und somit wieder zurückzufallen wird. Stillstand wäre die ungewollte Folge. Es benötigt eine stetige Energie, um den Wandel nachhaltig weiterzubringen und voranzutreiben. Die Themen, Methoden und Kommunikationen müssen durch die Verantwortlichen und Beteiligten permanent auf die Bühne gebracht und vorangetrieben werden.

8. Den Wandel etablieren

Es ist für eine verbindliche Zustimmung, ein Selbstverständnis aller Beteiligten, zu sorgen, sodass die Verantwortung für das Veränderungsprojekt gemeinsam getragen werden kann. An den neuen Verhaltensweisen ist festzuhalten und der Erfolg abzusichern, bis diese so gefestigt sind, dass alte Traditionen abgelöst werden. Der Zusammenhang zwischen unternehmerischem Erfolg und „neuen" Verhaltensweisen ist klar und deutlich herauszustellen. An dieser Stelle ist in ein effektives Management und ein verbessertes Führungsverhalten zu investieren, um sicherzustellen, dass alle neuen Verhaltensweisen fest in der täglichen Arbeitsroutine verankert werden.

1.5   Lean Change Management

Die Art, wie Veränderungen durchgeführt und gesteuert werden, verändert sich. Vor allem die sogenannte digitale Transformation stellt neue Anforderungen an die Organisationen und Führungskräfte. Ziel ist, diese Veränderung möglichst „lean" und flexibel durchzuführen. Mit „lean" ist die Kundenorientierung gemeint, verbunden mit einem Prozessablauf, welcher möglichst wenig Verschwendung aufweist. „Lean" ist ein ganzheitlicher Ansatz und stellt den Menschen in den Mittelpunkt (Bertagnolli 2018, S. 367 ff.). So sind bei Veränderungen immer die betroffenen Menschen mit einzubinden (vgl. Abschn. 1.3).

Durch Jeff Anderson (2014) wurde der Begriff „Lean" zum Themengebiet Change Management hinzugefügt. Jason Little (2016) folgte. Der Gedanke hinter Lean Change Management ist, Change Management einfacher, agiler und mit neuen innovativen Ansätzen zu verfolgen.

Somit wird das Change Management fit gemacht, um in der sich radikal verändernden Welt, auch VUCA-Welt genannt, auf die vielen und schnellen Veränderungen und Transformationen agiler reagieren zu können. VUCA steht für die Beschreibung der aktuellen Rahmenbedingungen von Gesellschaft und Wirtschaft in unserer Zeit: Volatilität, Unsicherheit, Komplexität (Complexity) und Ambiguität (vgl. Gairing 2017, S. 173 ff.).

Das vorliegende Buch vertritt das Verständnis des Begriffs „Lean" aus dem Bereich des Lean Managements bzw. des Lean Leaderships. Es geht dabei nicht um einen schnellen oder schlanken Ansatz das Change Management durchzuführen, sondern um einen ganzheitlichen Ansatz, der die Strategie, die Prozesse und die Kultur einbezieht und berücksichtigt. Die Veränderungsschritte sollen kontinuierlich fließen, transparent sein und permanent verbessert werden. Im Lean-Umfeld ist die Transparenz im Rahmen von Besprechungen am Ort der Wertschöpfung (Shopfloor Management bzw. Officefloor Management) und die Arbeit mit Vorlagen im Format DIN A3 genauso üblich, wie die Darstellung von Wertströmen und Prozess-Maps mit Haftnotizen (Bertagnolli 2018, S. 329 ff., 324, 227 ff.).

Das Lean Change Management schlägt die Brücke zwischen Change Management und Lean Management. Durch eine geschickte Verknüpfung der beiden etablierten Ansätze, können Veränderungsprozesse nach Lean-Prinzipien zielgerichtet und effizient gesteuert werden.

In überschaubaren Sequenzen wird der Veränderungsprozess iterativ und inkrementell organisiert. Hierbei zeigt sich eine enge Verbindung zu den Methoden des agilen Managements, bei dem in sogenannten „Sprints" an Teilzielen gearbeitet wird und in Abstimmungsrunden anschließend intensiv reflektiert wird, ob sich die Vorgehensweise auf dem richtigen Weg befindet.

Auf Basis der Vorgehensweise von Kotter (Kotter 2015) wurden neue Methoden vor allem im agilen Umfeld der Veränderungen vorgestellt. Eine zentrale Methode von Anderson, welche sich auch bei Little wiederfindet, ist der Einsatz eines Canvas (s. Abschn. 1.4). Es dient, wie bei agilen Methoden üblich, der Visualisierung des Prozesses.

Change Canvas

Das Change Canvas vereint die wichtigen Schritte eines Veränderungsprozesses mit der visuellen Transparenz und Struktur der Canvas-Methodik. Damit ergeben sich ein Handlungsleitfaden und ein Kommunikationsmittel für gute Veränderungsprozesse. Innerhalb des Canvas ist der Methodenkoffer der Change-Management-Werkzeuge integriert.

2.1 Canvas

Der Begriff „Canvas" kann mit dem Begriff „Leinwand" übersetzt werden und soll damit die Form einer Visualisierung bzw. Darstellung beschreiben. Den Ursprung zum Einsatz als Methodik bildete das „Business Model Canvas" aus dem Buch „Business Model Generation" (Osterwalder und Pigneur 2011). Es eignet sich als Analyse- und Planungstool für Geschäftsideen bzw. Prozesse. Im Jahr 2008 wurde es von dem renommierten Schweizer Entrepreneur Alexander Osterwalder entwickelt und ist mittlerweile eine weltweit bekannte, beliebte und anerkannte Methode zur systematischen Analyse von Geschäftsmodellen (Business Models).

Auf einem möglichst großen Blatt Papier (z. B. Moderationswand-Plakat, umgangssprachlich „Brown-Paper") werden Felder nach einer festgelegten Form eingezeichnet und jeweils mit Überschriften versehen. Das Canvas übernimmt somit die transparente und flexible Form und Methodik eines Planungswerkzeuges.

Die einfache Darstellung von Themen auf nur einer einzelnen Seite ist ein übliches Vorgehen im Lean-Umfeld. Hier werden Strategie-Roadmaps oder Problemlösungsprozesse auf einzelnen, größeren Blättern oder Plakaten dargestellt. Bekannt ist hierzu der Begriff des „A3-One-Pagers", abgeleitet aus der Nutzung eines größeren Papierformats (wie z. B. dem Format DIN A3). Der Grundgedanke eines „A3s" ist die Darstellung eines Berichts auf einer einzelnen Seite, dem

© Springer Fachmedien Wiesbaden GmbH, ein Teil von Springer Nature 2018   9
F. Bertagnolli et al., *Change Canvas*, essentials,
https://doi.org/10.1007/978-3-658-23030-2_2

sogenannten „One-Pager". Die Forderung kommt aus dem Lean Management. Hier sollen weniger Berichte stattfinden und stattdessen die Themen direkt auf dem Shopfloor bzw. in der Administration auf dem „Officefloor" betrachtet und geklärt werden (Führung am Ort der Wertschöpfung). Die Forderung nach dem One-Pager kam durch den Erfinder des Toyota Produktionssystems Taichi Ohno (Little 2016, S. 133). Die Denkweise in One-Pagern bzw. dem A3 drücken Sobek und Smally (2008) in ihrem Buch „Understanding A3 Thinking: A Critical Component of Toyota's PDCA Management System" und auch Dennis (2006) aus. Die Autoren zeigen auch die bekannten Anwendungsfälle und Einsatzmöglichkeiten auf.

Eine A3-Vorlage ist von Hand ausfüllbar, kann mitgenommen werden und gleichzeitig an einer Besprechungswand für alle gut sichtbar als Visualisierung und Erklärung dienen. Das Medium Papier zeigt sich hier als sehr flexibel und hat in der japanischen Managementwelt von Unternehmen, welche sich nach dem Lean-Gedanken organisieren, einen hohen Durchdringungsgrad.

Ein A3 und auch größere Formate auf Moderationswänden mit einer Canvas-Strukturierung, vereinbaren den strukturierten Prozess mit der notwenigen Transparenz und Kommunikation. Durch die Visualisierung wird das notwendige gemeinsame Verständnis erzeugt. Aktivitäten und Diskussionen können direkt am Prozess vorgenommen werden, der sonst nicht sichtbar bzw. greifbar wäre. Betroffene und Veränderungsteams werden direkt eingebunden. Widerstände kommen auf den Tisch.

Das Canvas eignet sich auch als Führungsinstrument und zur Reflexion von Veränderungsprozessen, nachdem die Maßnahmen durchgeführt wurden.

2.2   Visualisierung

Unstrittig ist, dass die Kommunikation der Schlüsselfaktor für eine erfolgreiche Veränderung ist. Eine hohe Transparenz ist für alle, die in einer Veränderung beteiligt sind, sehr wichtig. Das im Folgenden vorgestellte Change Canvas ist eine Visualisierungsmethode, welche Transparenz und Klarheit in Veränderungsprozesse bringt. Zusätzlich werden anhand der Visualisierung Diskussionen angeregt und eine bessere Klärung herbeigeführt. Somit sind der Ausgangspunkt und die Vision immer im Blick. Natürlich dient das Change Canvas als Methode bei der Erarbeitung der passenden Veränderungsbegleitung. Das Change Canvas bietet, wie im agilen Management das Kanban-Board (Steckbrett für Karten), ein optimales Kommunikationsinstrument, um die notwendige Transparenz und Flexibilität zu gewährleisten.

Für die im Change Canvas eingesetzte Visualisierung wird mit vier Farben gearbeitet. Zum Einsatz kommen die Farben rot und grün sowie gelb und blau. Die Persönlichkeitsanalyse „Insights Discovery" nutzt zum Beispiel ein Vier-Farbenenergie-Modell mit diesen Farben (Brand et al. 2016, S. 217 ff.). Durch sie werden die Grundtypen der Persönlichkeit beschrieben:

- Rot: wetteifernd, fordernd, entschieden, zielbewusst, dominant (Feuer)
- Grün: sozial, achtsam, mitfühlend, gelassen, beständig (Erde)
- Gelb: enthusiastisch, unterhaltsam, schwungvoll, umgänglich, auffallend (Sonne)
- Blau: vorsichtig, genau, besonnen, hinterfragend, förmlich (Eis)

Diese Farben berücksichtigen auch die Dimensionen der Veränderung und deren Charaktere im Change Canvas. Die Farbe Feuerrot wird im Folgenden für die Dringlichkeit und den aktuellen Ist-Zustand verwendet. Rot steht für Initiative und Aktivität mit einem Fokus auf die Aufgabe. Hinzu kommt eine notwendige Aktion und Zielstrebigkeit. Mit der Farbe Grün wird die Vision dargestellt. Die Strategie wird mit den Zielen der Veränderung zwischen Dringlichkeit und Vision durch einen Farbverlauf von Rot nach Grün visualisiert.

Sonnengelb legt sehr viel Wert auf die Menschen. Die Farbe steht durch ihre einladende, aber auch kreative Art, für eine Inspiration und eine gute Beziehung. Damit steht die Farbe Gelb im Change Canvas für die Dimension der Kultur. Mit der Farbe Blau werden alle Prozessthemen visualisiert. Die eisblaue Farbenergie steht für Gewissenhaftigkeit, Genauigkeit und eine überlegte Vorgehensweise.

2.3 Aufbau und Struktur

Der Aufbau des Change Canvas berücksichtigt die wichtigen Elemente und Veränderungsbeschleuniger für die Durchführung eines erfolgreichen Change Managements. Die theoretische Basis für das Change Canvas bilden unter anderem die Kernaspekte erfolgreicher Veränderungsprozesse, welche Kotter auf der Basis von langjährigen Studien herausgearbeitet hat (Kotter 2015).

Zehn Aspekte sind im Change Canvas innerhalb der Felder dargestellt. Die acht Veränderungsbeschleuniger nach Kotter (2015, S. 22) können den zehn Feldern zugeordnet werden (Tab. 2.1).

Bekannt ist, dass die Kommunikation der Schlüsselfaktor für eine erfolgreiche Veränderung ist. Transparenz ist für sämtliche in einer Veränderung Beteiligten wichtig und somit unbedingt herzustellen. Das Change Canvas ist eine

Tab. 2.1 Zuordnung der Veränderungsbeschleuniger nach Kotter in das Change Canvas

Aspekte im Change Canvas	Veränderungsbeschleuniger
Dringlichkeit	1. Dringlichkeitsgefühl schaffen
Vision	3. Strategische Vision
Ziele	3. Initiativen formulieren
Beteiligte	4. Freiwillige mobilisieren
Erfolgsfaktoren	7. Kontinuierlich Gas geben
Führung	2. Führungskoalition aufbauen
Selbstverständnis	8. Den Wandel etablieren
Erfolge & Vorteile	6. Kurzfristige Erfolge erzielen
Kommunikation	7. Kontinuierlich Gas geben
Maßnahmen	5. Barrieren abbauen

Visualisierungsmethode, welche die Transparenz und Klarheit in Veränderungsprozesse bringt. Gleichzeitig dient es als Methode bei der Erarbeitung der passenden Veränderungsbegleitung.

Der Aufbau des Change Canvas folgt der Idee des Veränderungsprozesses (vgl. Abb. 1.1) vom Ist-Zustand im Change Canvas links oben (mit dem Feld „Dringlichkeit") und der Veränderung zum gewünschten Soll-Zustand im rechten oberen Bereich (mit dem Feld „Vision"). Auf diesem Weg werden unterschiedliche Themen bearbeitet, die alle im Change Canvas dokumentiert werden (Abb. 2.1).

Das Change Canvas ist farblich codiert. Die strategischen Themen sind von „Dringlichkeit" (rot) bis „Vision" (grün) und den Zielen dazwischen als Farbverlauf von Rot nach Grün eingefärbt.

Für die weiteren Themen wird eine Teilung in harte und weiche Faktoren vorgenommen (vgl. auch Little 2016, S. 93). Die Kulturthemen im linken Bereich werden in Gelb dargestellt. Diese Themen repräsentieren die weichen und persönlichen Faktoren des Wandels. Zu diesen zählen die Menschen als Beteiligte, die Führung, das Selbstverständnis und die Kommunikation.

Die Prozessthemen auf der rechten Seite des Change Canvas sind in Blau visualisiert. Diese repräsentieren die harten Faktoren. Hierzu gehören die Erfolgsfaktoren sowie die Erfolge und Vorteile. Darunter finden sich die Umsetzungsmaßnahmen wieder.

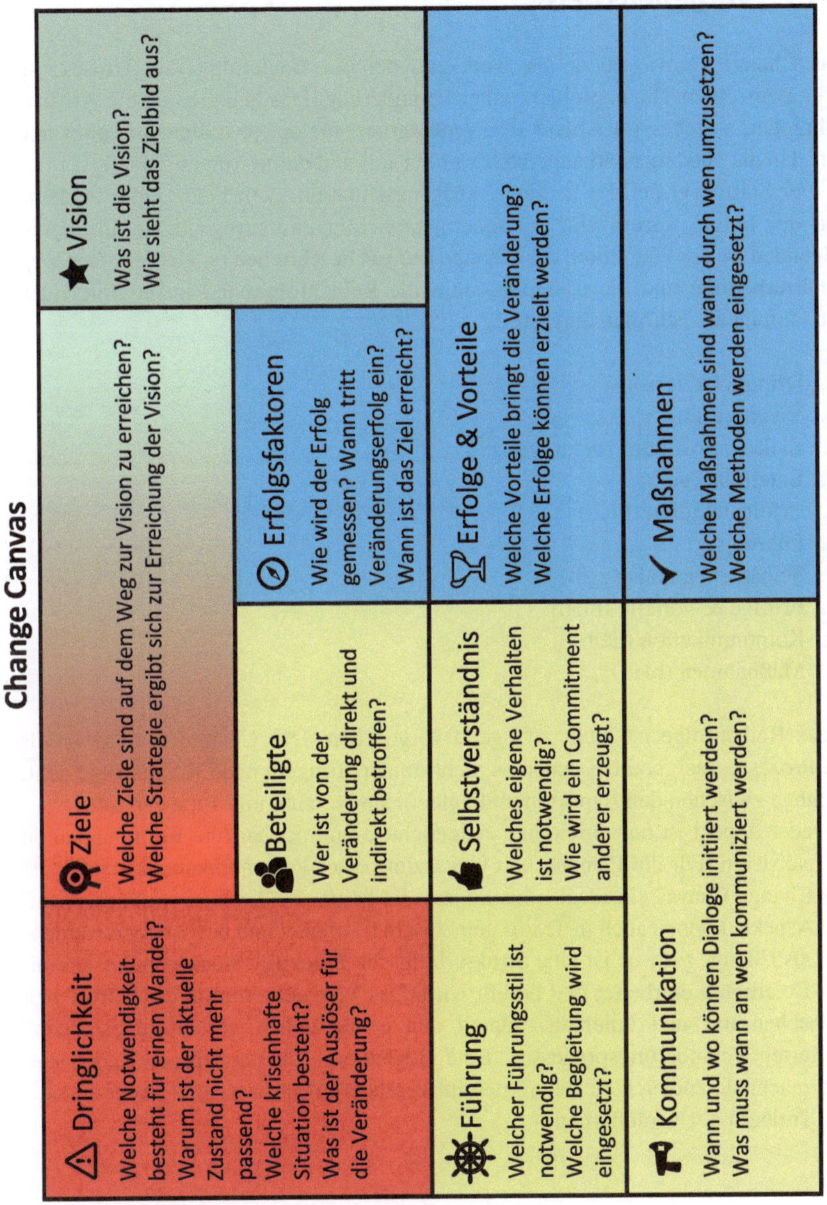

Change Canvas

⚠ **Dringlichkeit**

Welche Notwendigkeit besteht für einen Wandel? Warum ist der aktuelle Zustand nicht mehr passend? Welche krisenhafte Situation besteht? Was ist der Auslöser für die Veränderung?

Ziele

Welche Ziele sind auf dem Weg zur Vision zu erreichen? Welche Strategie ergibt sich zur Erreichung der Vision?

★ **Vision**

Was ist die Vision? Wie sieht das Zielbild aus?

Beteiligte

Wer ist von der Veränderung direkt und indirekt betroffen?

Erfolgsfaktoren

Wie wird der Erfolg gemessen? Wann tritt Veränderungserfolg ein? Wann ist das Ziel erreicht?

Führung

Welcher Führungsstil ist notwendig? Welche Begleitung wird eingesetzt?

Selbstverständnis

Welches eigene Verhalten ist notwendig? Wie wird ein Commitment anderer erzeugt?

Erfolge & Vorteile

Welche Vorteile bringt die Veränderung? Welche Erfolge können erzielt werden?

Kommunikation

Wann und wo können Dialoge initiiert werden? Was muss wann an wen kommuniziert werden?

✓ **Maßnahmen**

Welche Maßnahmen sind wann durch wen umzusetzen? Welche Methoden werden eingesetzt?

Abb. 2.1 Change Canvas mit integrierten Fragestellungen

2.4   Vorgehensweise

Das Change Canvas dient als Werkzeug bei der Begleitung und Umsetzung in den einzelnen Themenfeldern einer Veränderung. Das heißt, es ist ein Arbeitsdokument, welches im Ablauf der Veränderung für die jeweilige Situation und dem Thema entsprechend angepasst werden soll und damit immer aktuell ist.

Der Start liegt bei der heutigen Ausgangssituation, dem Feld „Dringlichkeit" und der Frage, warum eine Veränderung wichtig und dringend ist. Im Nachfolgenden ist der Weg durch das Change Canvas beschrieben (s. Kap. 3). Der Weg der Erarbeitung und die passende, sinnvolle Reihenfolge sind in der folgenden Aufzählung als Fahrplan dargestellt:

1. Dringlichkeit (rot)
2. Vision (grün)
3. Ziele (Farbverlauf rot zu grün)
4. Beteiligte (gelb)
5. Erfolgsfaktoren (blau)
6. Führung (gelb)
7. Selbstverständnis (gelb)
8. Erfolge & Vorteile (blau)
9. Kommunikation (gelb)
10. Maßnahmen (blau)

Diese Reihenfolge ist nicht zwingend vorgegeben. Das Change Canvas ist für die Prozesse geeignet, bei denen es nicht immer stringent nach Reihenfolge geht. Sprünge zwischen den Aspekten und Feldern sind erlaubt und auch gewollt.

Jeder Aspekt ist nur durch eine zielgerichtete und permanente Kommunikation zu realisieren. Für die Planung und Umsetzung einer Kommunikationsstrategie ist das Change Canvas ein ideales Instrument. Es greift alle Themen strukturiert auf. Die Aspekte können auch in Teams gemeinsam bearbeitet und beschrieben werden.

Das Change Canvas ist eine Strukturhilfe, die Stück für Stück gemeinsam mit den Beteiligten erarbeitet und befüllt wird. Das Werkzeug nimmt die betroffenen Menschen mit und unterstützt damit den erfolgreichen Verlauf eines „lean" geführten Veränderungsprozesses. Eine Begleitung der Betroffenen findet statt und macht sie zugleich zu Beteiligten im Veränderungsprozess und damit zu aktiven Treibern der Veränderung.

Das Change Canvas soll für alle Beteiligten bzw. Betroffenen transparent und sichtbar sein. So kann es z. B. an einem Shopfloor-Board bzw. Officefloor-Board zugänglich gemacht werden. Am besten ist die permanente Sichtbarkeit des Change Canvas im Team-Raum oder einer anderen für alle gut erreichbare und sichtbare Wand. Außerdem müssen die Inhalte in einem Regeltermin regelmäßig besprochen werden. So kann über den Wandel und seine Aspekte in den Austausch gegangen werden.

Der Einsatz von farbigen Haftnotizen für solche Visualisierungen ist aus dem Design Thinking und anderen kreativen Methoden bekannt. Auch für das Change Canvas können zu jedem Aspekt Ideen in Stichworten auf Klebezetteln notiert und angeheftet werden. Idealerweise in der jeweiligen Farbe des Aspekts. Die Notizen können somit einfach wieder entfernt, ergänzt oder in andere Bereiche verschoben werden. Da Veränderungsprozesse komplex sind und kaum linear verlaufen, unterstützt das Change Canvas, die Themen noch besser „greifbar" zu machen.

Über verschiedene Settings kann eine Veränderungsstrategie einfach erstellt werden, welche im Laufe des Prozesses flexibel an neue Begebenheiten angepasst werden kann.

Für virtuelle Teams lässt sich das Change Canvas natürlich auch in einer digitalen Form einsetzen.

Aspekte des Change Canvas 3

Es folgt die genauere Beschreibung der einzelnen Aspekte und deren Bereiche im Change Canvas. Die Vorgehensweise folgt dem Weg durch die Aspekte. Der Bezug auf bestehende Theorien wird erklärt und mögliche Methoden für die Anwendung beschrieben. Damit der Ablauf leichter nachvollziehbar ist, wird er anhand eines Beispiels für ein Veränderungsprojekt erklärt.

Bei dem Beispiel handelt es sich um eine Veränderung in einem Versicherungskonzern.

Beispiel

Bei der Veränderung im Versicherungskonzern geht es um das Thema der digitalen Transformation und der Digitalisierung als neues strategisches Ziel des Konzerns.

Viele der Mitarbeiter kennen nur den Begriff „Digitalisierung", jedoch nicht was hinter dem Thema steht. Die Prozesse des Unternehmens sollen in einem ersten Schritt optimiert und im anschließenden zweiten Schritt digitalisiert werden. Außerdem sollen durch die neuen digitalen Methoden die Kunden mehr in den Prozess eingebunden werden. Die Veränderung soll keine Arbeitsplätze kosten, den Stelleninhabern werden aber neue Funktionen zugeordnet. Die Prozesse werden angepasst. So ändern sich Standorte, Teamzugehörigkeiten, Prozessabläufe, Bereichsverantwortlichkeiten und Arbeitsinhalte der Mitarbeiter.

© Springer Fachmedien Wiesbaden GmbH, ein Teil von Springer Nature 2018   17
F. Bertagnolli et al., *Change Canvas*, essentials,
https://doi.org/10.1007/978-3-658-23030-2_3

3.1   Dringlichkeit erzeugen

Am Anfang jeder Veränderung muss immer ein Veränderungsdruck stehen. Ohne diesen würde jede Veränderungsinitiative scheitern. Auf die notwendige Dringlichkeit einer Veränderung wird in vielfacher Weise in der Literatur eingegangen (z. B. Kotter 2008).

Die Führungskraft muss sich Gedanken zur Kommunikation dieser Dringlichkeit machen. Mitarbeiter müssen aufgeweckt und aufgewühlt werden. Führungskräfte müssen konkrete Zeichen setzen, Betroffenheit erzeugen und nicht nur darüber reden. Sie müssen auch schmerzhaft spürbare Maßnahmen umsetzen, wie z. B. Event-Absagen, Einsparungen, Einstellungsstopp, Reisestopps.

Bei der Kommunikation der Dringlichkeit muss erreicht werden, dass alle, die von der Veränderung betroffen sind, das Gefühl bekommen, sich sofort einbringen zu müssen. Sie sollen sich mit größtmöglicher Energie aktiv für die anstehende Veränderung engagieren. So muss es gelingen, mit treffenden Botschaften und einer überzeugenden Formulierung Veränderung sowie nachvollziehbaren Zahlen, Daten und Fakten die Emotion „Dringlichkeit" als wichtigsten Motor für eine erfolgreiche Veränderung zu wecken.

Das Feld „Dringlichkeit" ist im Change Canvas rot und mit einem Warndreieck symbolisiert. Das Feld gehört zur Dimension der Strategie. Die folgenden Fragestellungen dienen der Erarbeitung dieses Aspektes:

- Welche Notwendigkeit besteht für einen Wandel?
- Warum ist der aktuelle Zustand nicht mehr passend?
- Welche krisenhafte Situation besteht?
- Was ist der Auslöser für die Veränderung?

Fragen

Bevor eine Kommunikation an die Führungskräfte, die Belegschaft, die Kunden oder Lieferanten durchgeführt wird, sollten zu den folgenden Fragen die passenden Antworten vorliegen:

- Welche Probleme haben wir heute und welche sind dies genau?
- Warum ist der Wandel wichtig für unsere Organisation?
- Was steht auf dem Spiel?
- Warum müssen wir weg vom aktuellen Zustand?
- Welche Konsequenzen hätte es für uns, wenn wir die Veränderung nicht umsetzen würden?

- Welche geniale Gelegenheit würden wir versäumen, wenn wir weitermachen, wie bisher?
- Welche Zahlen, Daten und Fakten sprechen eindeutig für die Dringlichkeit einer Veränderung (z. B. Nachfrage, Umsatz, technologische Entwicklungen usw.)?
- Welche Markttrends weisen auf eine notwendige Veränderung zum aktuellen Zeitpunkt hin?
- Was wollen wir in Zukunft erreichen?
- Welche Auswirkung wird unsere Veränderung auf einzelne Personen, das Team, den Bereich, das Unternehmen, die Kunden oder die Gesellschaft haben?

Methodisch sollten in einer Art Brainstorming die Antworten auf die vorgenannten Fragen gegeben werden. Um die wichtigsten Dringlichkeitsfaktoren herauszuarbeiten, ist eine Sammlung in Form eines World-Cafés möglich (vgl. Brown und Isaacs 2005). An Flipcharts wird jeweils eine der Fragestellungen diskutiert und die Teilnehmer wechseln nach einer bestimmten Zeit zur nächsten Fragestellung. Ein weiteres Format ist die Methodik eines Interviews mit einzelnen Teilnehmern unter Anwendung derselben Fragestellungen (Aiken und Keller 2009).

Danach ist die Dringlichkeit zu formulieren. Erfahrungen zur Wirkung der Dringlichkeit können vorab bei einem Vortrag im kleinen Kreis überprüft werden. So kann geklärt werden, wie die Botschaft bei den Zuhörern ankommt.

Eine eindringliche Wirkung wird erzielt, wenn ein Querschnitt der von der Veränderung betroffenen Zielgruppen in die Erarbeitung der Dringlichkeitsfaktoren einbezogen wird. So können diese zusätzlich zum Management als glaubwürdige Multiplikatoren und wichtige Kommunikatoren die Notwendigkeit der Veränderung überzeugend vermitteln.

Beispiel

Im Veränderungsprojekt wird die folgende Dringlichkeitsbotschaft an alle Mitarbeiter gegeben: „Unsere Marge ist durch ein verändertes Kundenverhalten gegenüber den Versicherungsprodukten, aggressiven Produkten der Wettbewerber und der niedrigen Zinsphase gefährdet (Dringlichkeit und Begründung). Um weiterhin erfolgreich zu sein, müssen wir uns stärker am Kunden und seinen Bedürfnissen orientieren (Zukunftsaussage)."

Erste rote Haftnotizen im Feld „Dringlichkeit" sind:

- Gewinneinbruch
- Verändertes Kundenverhalten
- Kunden brauchen keine Berater mehr

3.2 Vision formulieren

Basierend auf der Dringlichkeit und den heutigen Informationen, wie Umsatz-zahlen, Marktanteilen und Geschäftsmodellen, wird eine Vision erarbeitet, wohin sich die Organisation in z. B. zehn Jahren entwickeln möchte. Ohne Vision ist keine einheitliche Richtung definiert. Dies entspräche zum Beispiel im Umfeld von Lean Management dem fehlenden „Nordstern". Bei diesem Nordstern handelt es sich um eine unternehmerische Metapher für die Vision. Er ist ein entfernter, nicht erreichbarer, allgemein gültiger Orientierungspunkt. Somit dient er als Richtungsgeber, gibt Orientierung und unterstützt eine gemeinsame Ausrichtung (Bertagnolli 2018, S. 321). Dies könnte beispielsweise aus der Lean-Vision 100 % Wertschöpfung, null Fehler und eine möglichst kurze Durchlaufzeit sein. Eine Navigation und Zielableitung wird ohne diesen Vision erschwert bzw. unmöglich.

Damit eine Vision mit der dazugehörigen Strategie definiert werden kann, werden Trends ermittelt und anschließend die Vision abgeleitet.

Zuerst sind die sich abzeichnenden Trends im Geschäftsfeld oder im Unternehmen zu betrachten. Hierbei werden Trends in unterschiedlichen Themenfeldern fokussiert, wie zum Beispiel was sich aktuell bereits in Prozessen, Geschäftsmodellen, Technologien, im Umfeld oder in der Unternehmenskultur verändert.

Mit dieser Betrachtung der nahen Zukunft wird der Denkhorizont für das geöffnet, was noch in weiterer Zukunft kommen kann. Es wird ein gemeinsames Verständnis der Zukunft erzeugt und herausgestellt, auf welche Themen bei der Veränderung geachtet werden muss. Diese Inhalte werden themenorientiert erfasst und dienen in einem späteren Schritt der Zielkonkretisierung.

Im Anschluss an die Identifizierung der Trends folgt die eigentliche Visionsarbeit. Um sie gemeinsam zu entwickeln, werden zwei Herangehensweisen berücksichtigt, eine analytische und eine intuitive Annäherung. Beide Betrachtungsweisen werden in einem kombinierten Ansatz umgesetzt. Alle analytischen Daten und Informationen, die zum Zeitpunkt der Visionsdefinition zur

Verfügung stehen, werden hierzu genutzt. Sie werden gepaart mit der Erfahrung bei Entscheidungen, die auf einem entsprechenden Bauchgefühl bzw. der Intuition basiert (vgl. Scharmer 2009).

Die Vision soll in der Sprache der Mitarbeiter formuliert und nachvollziehbar sein. Außerdem sollte die Vision einen sinnstiftenden Charakter haben.

Das Feld der Vision ist im Change Canvas grün und mit einem Stern als Symbol versehen. Das Feld gehört zu der Dimension der Strategie. Die folgenden Fragestellungen dienen der Erarbeitung dieses Aspektes:

- Was ist die Vision?
- Wie sieht das Zielbild aus?

Fragen

Um zu den Trends und der Vision zu gelangen, eignen sich verschiedene Fragen. Dabei werden auch bewusst intuitiv zu beantwortende Fragestellungen gewählt:

- Welche möglichen Veränderungen werden bereits gesehen, sodass ein Entwicklungstrend mit aller Wahrscheinlichkeit stattfindet?
- Welche Anhaltspunkte gibt es für die kommende Veränderung?
- Wie sieht das Geschäft in zehn Jahren aus?
- Wie realistisch ist es, dass die Unternehmung diese Vision erreicht?
- Welche Unternehmenskultur wird die Organisation danach haben?
- Wie sieht die Arbeit in der Zukunft aus und welche Führung wird vorhanden sein?

Die Erarbeitung der Vision kann durch die Bearbeitung einer Aufgabe durchgeführt werden. Zwei Gruppen erhalten die Aufgabe, die Vision zu beschreiben und sich diese dann in Form eines Rollenspiels, einer Geschichte (Bilder oder Erzählung), eines Liedes, eines Sketches oder eines Theaterstücks gegenseitig vorzustellen. So wird sich jede Gruppe erst gemeinsam darüber klar, wie eine mögliche Zukunft aussehen könnte, bevor sie in die Dramaturgie der Darbietung gehen. Anschließend wird die Vision gemeinsam formuliert und im Change Canvas in das grüne Feld für die Vision eingetragen.

Beispiel

Die Konzernleitung hat die unterschiedlichen Prozessschritte durchlaufen und kommt nach sehr witzigen und durchaus realistischen Theaterstücken sowie einem langen Diskussionsprozess zur Konkretisierung der neuen Vision.

Die Vision wird auf grüne Haftnotizen notiert und im Bereich des Aspektes „Vision" des Change Canvas geschrieben:

- Wir sind der „Risiko-Minimierer" für unsere Kunden.
- Wir informieren unsere Kunden proaktiv.
- Mit den vorhandenen digitalisierten Informationen über Märkte, Wetter oder Bewegungsdaten können wir unsere Kunden proaktiv informieren.
- Unsere Kunden können ihre Anfragen komplett online lösen.
- Jeder kann eine neue Versicherung abschließen.

3.3   Zielzustand ableiten

Ohne Ziele auf dem Weg zur Vision wäre der Veränderungsprozess ein nicht messbarer Blindflug. Eine erfolgreiche Veränderung wäre mehr Zufall als Planung. Das Erreichen der Ziele kann anhand von definierten qualitativen und quantitativen Daten gemessen und beurteilt werden.

Abgeleitet von der Vision werden mögliche Ziele als Zwischenziele oder Meilensteine auf dem Weg zur Transformation konkretisiert. Die Ziele sind so zu definieren, dass sie herausfordernd, aber erreichbar sind. Außerdem weisen sie den Weg hin zur Vision. Hierbei werden die bereits erarbeiteten Informationen aus der Ist-Situation mit der Dringlichkeit sowie die in naher Zukunft erwarteten Trends und die Vision genutzt. Damit ist die Veränderungsstrategie definiert.

Im Change Canvas werden die Ziele im Feld zwischen der „Dringlichkeit" und der „Vision" eingetragen. Die Farbe entspricht einem Farbverlauf von rot (linke Seite) nach grün (rechte Seite), analog der beiden jeweils links und rechts angrenzenden Felder. Als Symbol wird eine Zielscheibe eingesetzt. Das Feld gehört zur Dimension der Strategie. Die folgenden Fragestellungen dienen der Erarbeitung dieses Aspektes:

- Welche Ziele sind auf dem Weg zur Vision zu erreichen?
- Welche Strategie ergibt sich zur Erreichung der Vision?

Fragen

Bei der Definition der Ziele sind idealerweise die folgenden Fragestellungen zu nutzen:

- Sind die Ziele vollständig?
- Sind die Ziele überschneidungsfrei?
- Sind die Ziele selbsterklärend formuliert?
- Wie kann die Zielerreichung festgestellt werden?
- Ist die Zielerreichung qualitativ oder quantitativ messbar?
- Sind Ziele nach der SMART-Logik formuliert?

Methoden, welche für die Zieldefinition einer bevorstehenden Veränderung hilfreich sind, sind das Brainstorming, das Business Modell Canvas (Osterwalder und Pigneur 2011) oder die Blue-Ocean-Strategie (Kim und Mauborgne 2004).

Bei der Blue-Ocean-Strategie stehen neue Märkte ohne Wettbewerbsorientierung im Fokus. Die Red-Ocean-Strategie (das Bild für blutige Kämpfe) betrachtet den bestehenden Markt, die bestehenden Prozesse und Regeln sowie die Wettbewerber basierend auf einer Diversifikation oder einer Strategie zur Kostenführerschaft (Cost Leadership). Bei der Blue-Ocean-Strategie hingegen werden die neuen Märkte und eine Wettbewerbsvermeidung fokussiert. So ergibt sich eine „Value Innovation", welche den Konsumentennutzen bei geringeren Herstellungskosten erhöht (Vertiefung in Kim und Mauborgne 2016).

Zur Zielbeschreibung eignet sich die Formulierung nach der SMART-Logik (spezifisch, messbar, attraktiv, realistisch, terminiert).

Beispiel

Im Versicherungskonzern werden unterschiedliche Workshops in den einzelnen Geschäftsbereichen durchgeführt. Basierend auf der Vision und dem langfristig gewünschten Zielbild werden die möglichen Auswirkungen auf die heutigen Prozesse analysiert und mögliche notwendige Ziele definiert. Diese ermöglichen die Vision zu erreichen.

In das Feld „Ziele" des Change Canvas werden zweifarbige Haftnotizen in roter und grüner Farbe geklebt:

- Durchführung einer Marktanalyse
  Screening der Themen der digitalen Innovationen im Bereich Versicherungen
      chmarking anderer Unternehmen aus der Branche im Bereich der
      ogien

- Durchführung von Kundenbefragungen
- Realisierung erster Ideen als Prototyp
- Abstimmung und Realisierung der Ideen

3.4   Betroffene zu Beteiligten machen

Für den Erfolg von Veränderungen ist es ausschlaggebend, wie stark die Betroffenen zu Beteiligten gemacht werden. Idealerweise sind alle in die Veränderung einzubinden. Die Begrifflichkeit „Partizipation im Prozess" beschreibt die notwendige Tätigkeit sehr gut. Je mehr Führungskräfte und Mitarbeiter die Veränderung gemeinsam gestalten, desto tragfähiger, nachhaltiger und erfolgsversprechender wird die Umsetzung. Wenn im Umkehrschluss die Veränderung nur von der Führung top-down gestaltet wird, ist die Organisation nur so intelligent, wie die Führung selbst. In einem dynamischen VUCA-Umfeld sollte möglichst viel Wissen aus der Organisation beteiligt sein (s. Abschn. 3.6). Eine Beteiligung kann selbstverständlich auch bereits vor der Definition möglicher Bereichsziele durchgeführt werden.

Zuerst wird eine Stakeholder-Analyse durchgeführt. Dabei werden alle Einzelpersonen und Personenkreise aufgelistet, welche einen Einfluss auf die Veränderung haben und die von der Veränderung beeinflusst werden. Der Grad des Einflusses und die Auswirkungen der Veränderung in Bezug zu den einzelnen Stakeholdern werden dargestellt. Für die Visualisierung und Arbeit eignet sich eine Matrix mit den Achsen Machteinfluss (kein bis stark) und der Einstellung zur Veränderung (negativ bis positiv).

Nachdem die Liste und die Matrix erstellt worden sind, folgt die Planung, wie die einzelnen Personen und Gruppen an der Veränderung von Beginn an beteiligt werden können. Eine Beteiligung sollte für die Personen immer sinnstiftend sein, da die Veranstaltungen und Maßnahmen schnell als Alibi angesehen werden. Dies bedeutet, dass immer eine konkrete Zielsetzung für die Beteiligung notwendig ist.

Im Change Canvas ist das Feld „Beteiligte" gelb und gehört somit zur Dimension der Kultur. Es ist mit zwei Personen symbolisiert. Die folgende Fragestellung dient der Erarbeitung dieses Aspektes: Wer ist von der Veränderung direkt und wer indirekt betroffen?

Fragen

Für das Feld „Beteiligte" könnten zum Beispiel die folgenden Fragen ergeben. Mit diesen Fragen setzen sich die Personenkreise selbstständig mit dem angekündigten Inhalt auseinander. Dies würden sie informell tun. Mit diesem

Prozessschritt werden die Informationen kanalisiert und die Projektleitung erhält unmittelbar eine Rückmeldung.

- Welche Menschen, Teams und Bereiche müssen sich verändern, um die Vision zu realisieren?
- Wie können die Betroffenen unterstützt werden?
- Was ist an der angekündigten Veränderung beängstigend?
- Was macht neugierig?
- Was würden die Beteiligten tun, wenn sie in der Situation des Managements wären?
- Was braucht es, damit sich die Betroffenen auf die Veränderung einlassen können?
- Welche positiven Aspekte gibt es für die Betroffenen?

Eine erste Form der Beteiligung nach der Ankündigung der Veränderung ist ein Kickoff-Workshop, der den notwendigen Raum für Diskussionen und Rückmeldungen bietet.

In den ersten Beteiligungsbesprechungen können z. B. die folgenden Themen behandelt werden: Erarbeitung einer gemeinsamen Vision und Strategie, Definition möglicher Regeln und Leitplanken, Klärung des Selbstverständnisses oder Klärung möglicher erster Schritte im Veränderungsprojekt.

Das Projektteam kann für einzelne kritische Stakeholdergruppen auch die Methoden der Organisationsaufstellung im Sinne einer Visualisierung auf Papier nutzen. Hierbei wird aufgezeichnet, wie die einzelnen Mitglieder bzw. das Team zu den Themen der Veränderung stehen. Hierdurch werden Kritiker erkannt und wichtige Personen, wie z. B. Gruppensprecher identifiziert.

Für die Rückmeldung seitens der Mitarbeiter bietet sich die Methode „Sounding Board" an. Dabei werden Dialoge mit dem Management durchgeführt und die Mitarbeiterresonanz auf die Veränderungen aufgenommen. Dies ermöglicht direkte Rückmeldungen über die Veränderung und kann Antworten auf Fragen geben, wie z. B.: Wie werden die Mitarbeiter von ihren Vorgesetzten informiert? Was wird für die Veränderung benötigt? Wie sind die Mitarbeiter in die Veränderung eingebunden?

Es gibt eine Vielzahl an Methoden, welche sich für eine Beteiligung anbieten. Auch die Methoden aus den folgenden Unterkapiteln sind hierzu geeignet, da sich das Thema Beteiligung wie ein roter Faden durch den gesamten Veränderungsprozess zieht.

Beispiel

Im Versicherungskonzern werden mehrere Aktivitäten durchgeführt, um die Führungskräfte und die Mitarbeiter stärker in die Gestaltung der Veränderung einzubinden. Im Rahmen der Ankündigung werden die Mitarbeiter auf freiwilliger Basis zu Visions- und Strategie-Workshops eingeladen. Das Management bittet um die Unterstützung von allen Mitarbeitern an diesem Prozess.

Die Einbindung der Mitarbeiter wirkt motivierend. Die Kommunikation lautet: „Wir möchten Sie bei allen Veränderungen beteiligen und benötigen hierzu Ihre Unterstützung. Vor allem haben Sie das Wissen und die Kompetenz, wo etwas verbessert werden kann und wie etwas Neues am besten funktionieren kann."

Die Mitarbeiter können dabei Rückmeldungen geben, was ihnen gefällt, was sie anders machen würden, wo sie sich mehr Unterstützung wünschen und wie sie sich einbringen möchten. Zusätzlich werden für alle Mitarbeiter Termine für Dialoge mit dem Management mit der Methode „Sounding Board" angeboten.

Auf gelben Haftnotizen sind im Change-Canvas-Feld „Beteiligte" die wichtigsten Personen und Gruppierungen vermerkt und dazu auch das methodische Vorgehen mit ihnen.

3.5   Erfolgsfaktoren definieren

Die laufende Veränderung muss sich in die richtige Richtung bewegen und soll nach einem ambitionierten Start nicht wirkungslos verpuffen. Um den Veränderungsprozess zu messen, sind qualitative und quantitative Erfolgsfaktoren sehr wichtig. Geeignete Kennzahlen sollten die Prozesse und die Kultur betrachten. Erfolge im fortschreitenden Veränderungsprozess werden kommuniziert sowie transparent visualisiert und so für alle sichtbar gemacht. Dies soll weitere Schritte ermöglichen.

Die Kennzahlen werden aus den vorhandenen Zielen heruntergebrochen. Die Verknüpfung zwischen Vision, Zielen, Kennzahlen und der Steuerung ergibt sich im Lean Management durch den ganzheitlichen Zielableitungsprozess „Hoshin Kanri" (Bertagnolli 2018, S. 233 ff.). Messkriterien werden durch Kennzahlen zum Ausdruck gebracht und können mit dem Ansatz des Shopfloor bzw. Officefloor Managements visualisiert und kommuniziert werden (Bertagnolli 2018, S. 330 ff.). Hierbei hat sich die SQAKM-Logik bewährt. Die Buchstaben beschreiben die Reihenfolge sowie Anfangsbuchstaben der Kategorien für die

Kennzahlen: Sicherheit, Qualität, Ausbringung, Kosten und Moral. Unterhalb dieser Kategorien sind quantitative und qualitative Erfolgsfaktoren darstellbar. Die dazugehörigen Kennzahlen sind regelmäßig zu erfassen und mit einem Zielwert zu versehen.

Das Change-Canvas-Feld mit den „Erfolgsfaktoren" gehört zu der Prozessdimension. Es ist daher blau und mit einem Kompass symbolisiert. Die folgenden Fragestellungen dienen der Erarbeitung dieses Aspektes:

- Wie wird der Erfolg gemessen?
- Wann tritt Veränderungserfolg ein?
- Wann ist das Ziel erreicht?

Fragen

Um zu passenden Erfolgsfaktoren zu gelangen, werden die folgenden Fragen eingesetzt:

- Was funktioniert heute besonders gut?
- Wo ist heute unsere Stärke im Bereich, Team oder Unternehmen?
- Wie wird der Fortschritt in Richtung der Vision aufgezeigt?
- Welche Metriken werden durch die Veränderung beeinflusst?
- Wo und wie kann der Puls der Veränderung gespürt und gemessen werden?

Methodisch eignet sich der ganzheitliche Zielableitungsprozess des Hoshin Kanri bzw. die sich daraus ergebene Findung und Zuordnung von Kennzahlen nach der SQAKM-Logik:

- Welche Themen betreffen die Sicherheit und Ergonomie der Mitarbeiter?
- Welche Themen verbessern die Qualität und wie wird diese erfasst?
- Was steigert die Ausbringung oder verringert die Durchlaufzeit?
- Welche Kostenfaktoren sind betroffen und verändern sich?
- Wie steht es mit der Moral sowie Kultur?

Letztere ist interessant, da hier neben dem Fokus auf Prozesse auch die Dimension der Kultur eingeht und diese qualitativ erfasst wird. Darin enthalten sind die Abfragen bei den Mitarbeitern zur Erfassung der Zufriedenheit und Stimmung.

Zur Zielerreichung kann auch ein Projekt- oder Implementierungsplan erstellt werden, welcher die Ziele in vollständige und überschneidungsfreie Einzelaktivitäten zerlegt. Der auf Wochen heruntergebrochene Maßnahmenplan wird wöchentlich bezüglich der Abarbeitung der Maßnahmen verfolgt und überprüft. Sind alle Maßnahmen abgearbeitet, sind die Ziele erreicht.

Beispiel

Die Versicherung ermittelt in einem Workshop Kennzahlen nach der SQAKM-Logik auf Basis der Ziele. Diese werden auf dem Flur der Projektabteilung an einer Wand visualisiert. Regelmäßig finden die Projektbesprechungen an dieser Kennzahlenwand statt. Jede Führungskraft ist für eine Kennzahl und deren Aktualität verantwortlich.

Im Canvas-Feld „Erfolgsfaktoren" werden auf blauen Haftnotizen Kennzahlen gesammelt:

- Qualität: Akzeptanz bei den Kunden
- Ausbringung: Anzahl Neuverträge und Anzahl Neukunden
- Kosten: Umsetzung im Rahmen des verfügbaren Budgets
- Moral: Motivation der Mitarbeiter aus Mitarbeiterumfrage und Sounding Board

---

3.6 Führungsstil klären und Führungskoalition leben

Neben der Beteiligung der Betroffenen ist es wichtig, innerhalb des Führungsteams zu klären, wie die Mitarbeiter während der Veränderung geführt werden sollen. Die Mitarbeiterführung unterscheidet sich in Veränderungsprozessen sehr von den Anforderungen an die Führungskräfte, wie sie regulär im operativen Betrieb gefordert werden. Dies liegt in der Eigenschaft von Transformationen, bei denen die Veränderungsschritte nicht direkt kontrolliert werden können. Führungskräfte können somit die notwendigen Rahmenbedingungen für eine Veränderung schaffen. Dies bedeutet, dass sie viel sensibler innerhalb der einzelnen Phasen der Veränderung sein müssen. Sie müssen flexibler auf die veränderten Bedingungen eingehen können, welche in der Zukunft umgesetzt werden sollen, anstatt zu planen und zu kontrollieren. Nur mit den passenden Rahmenbedingungen können Führungskräfte das notwendige Selbstverständnis (s. Abschn. 3.7) bei den Beteiligten erreichen. Das Führungsverhalten spielt im Veränderungsprozess eine bedeutende und entscheidende Rolle.

Rowland und Higgs (2008, S. 281 ff.) beschreiben Denkmodelle und die daraus resultierenden Führungsstile im Rahmen von Veränderungen. Die Autoren unterteilen die Veränderung dabei in eine Matrix mit den Bereichen linear und komplex sowie den Bereichen standardisiert und differenziert. Es wurde auch abgeleitet, welche Haltung und welches Führungsverhalten im Rahmen einer Veränderung förderlich oder hinderlich sein können. Es ergaben sich drei Modelle mit unterschiedlich ausgeprägten Führungsstilen.

Das erste Modell beschreibt eine Führungskraft, welcher klar ist, dass etwas verändert werden muss. Das Ziel ist bekannt und auch wie dieses erreicht werden kann. Der Fokus liegt dabei auf der Führung der Veränderung. Die Expertenrolle für die Durchführung der Veränderung wird übernommen und die Maßnahmen zur Zielerreichung sind bekannt. Bei der Durchführung sieht die Führungskraft ihre primäre Aufgabe darin, Informationen zu kommunizieren und die Mitarbeiter mit geeigneten Maßnahmen von der heutigen Situation in die zukünftige Situation zu führen. Solche Maßnahmen sind beispielsweise die Überarbeitung von Prozessen oder die Veränderung des Geschäftsmodells. Der hierbei auftretende Führungsstil ist sehr führungsorientiert, kontrollierend und klar in der Kommunikation, wenn es um die Sache geht. Somit wissen die Mitarbeiter, was sie tun müssen, um ein bestimmtes Ziel zu erreichen. Das heißt jedoch nicht, dass sie davon überzeugt sind. Sie setzen also nur das um oder führen das aus, was von ihnen verlangt wird.

Im zweiten Modell weiß die Führungskraft, was verändert werden muss und wo das Ziel liegt. Der Weg dorthin ist jedoch offen. Die Führungskraft traut den Mitarbeitern zu, die Aufgaben selbst zu lösen und nutzt das Wissen der Mitarbeiter und der Organisation, um weiter voran zu kommen. Die Vorgabe ist der Rahmen, in dem sich die Veränderung entwickeln darf. So wird sichergestellt, dass die Zieldefinition zusammen mit den Mitarbeitern erarbeitet wird und die Mitarbeiter verstehen, warum die neue Vision sinnvoll ist. Hierzu wird der notwendige Freiraum für Fragen und Befürchtungen gegeben sowie ausreichend Zeit, um die Themen zu erarbeiten. Dieser Führungsstil basiert auf einem offenen Dialog und nutzt die Vernetzung der Mitarbeiter.

Das dritte Modell beschreibt eine Führungskraft, welche weiß, wo das Problem liegt und die auch erste Ideen für eine Zielerreichung hat. Diese Informationen werden aber nicht an die Mitarbeiter kommuniziert. Die Führungskraft möchte damit die Einbindung der Organisation in die Zieldefinition erreichen. Diese Haltung soll die Rahmenbedingungen schaffen, damit die Veränderungen durch die Organisation selbst gelingen. Es stehen dabei die Mitarbeiter im Vordergrund. Die Führungskraft definiert lediglich die notwendigen Regeln und agiert in der Rolle eines Coaches. Die Führung erfolgt durch das Stellen von Fragen anstatt durch gesetzte Vorgaben. Das Expertenwissen der Führungskräfte tritt bei dieser Rolle bewusst in den Hintergrund. Die Führungskräfte helfen so den Mitarbeitern, die gewünschten Themen zu entwickeln und coachen die Teams zur Selbstorganisation. Entscheidungen werden verstärkt vom Team vorgeschlagen und getroffen.

Die drei vorgestellten Führungsstile sind natürlich nicht in Reinform zu finden. Sie sind je nach situativem Kontext unterschiedlich.

Wie auch bei den agilen Methoden und Verbesserungsprozessen sind im Veränderungsprozess kleine Schritte wichtig. Zu große Sprünge sind bei der Führung kontraproduktiv. Der Mensch ist mitzunehmen. Werden die Mitarbeiter abgehängt und fühlen sich verloren, so geht die Veränderung nicht weiter. Zentrales Element bei der Führung in Veränderungen ist das Begegnen auf Augenhöhe. Fehler müssen in Veränderungen erlaubt sein. Ist dies nicht der Fall, findet weder ein Lernen noch eine Veränderung statt.

Der Change-Canvas-Aspekt „Führung" befindet sich in einem gelben Feld und gehört zur Dimension der Kultur. Das Symbol hierfür ist ein Steuerrad. Die folgenden Fragestellungen dienen der Erarbeitung dieses Aspektes:

- Welcher Führungsstil ist notwendig?
- Welche Begleitung wird eingesetzt?

Fragen

Daraus resultierend sollten folgende Fragen im Führungskreis abgestimmt werden:

- Was benötigen die Führungskräfte in der Veränderung, um adäquat zu führen?
- Welcher Rahmen wird der Veränderung gegeben (z. B. Mitbestimmung und Regeln)?
- Welche Entscheidungen werden von den Führungskräften getroffen?
- Bei welchen Themen werden nur Impulse gegeben und was entscheiden die Mitarbeiter?
- Welcher Führungsstil ist förderlich und welcher hinderlich?
- Welcher Führungsstil ist in der jeweiligen Situation der Veränderung passend?
- Wie beteiligt sich die Führung aktiv in der Veränderung?
- Wo sind Impulse notwendig?
- Wo ist es wichtig, Rahmenbedingungen zu setzen?
- Wie werden Entscheidungen in der Veränderung gefällt?
- Wie wird mit Fehlern umgegangen?

Es ist wichtig, den eigenen Führungsstil zu reflektieren und auf Veränderungen zu adaptieren. Die Frage lautet: Welchen Führungsstil braucht es? Die Erwartungen an die Führung im Sinne von Coaching und einer Lernkultur sind zu klären.

Zum Einsatz kann ein kollegialer Austausch zwischen den Führungskräften kommen. Auch die Information an die Mitarbeiter, dass es in der Veränderung eines anderen Führungsstils bedarf, unterstützt das Bedürfnis nach Transparenz und Handlungssicherheit. Erfahrungsgemäß zeigt sich, dass diese Klärungsgespräche notwendig sind, um den Führungsrahmen zu gestalten und bewusst Verantwortung in die Organisation zu geben. Eine mögliche Herangehensweise, um diese Definitionen zu thematisieren, wird dadurch realisiert, dass unterschiedliche Situationen und Fälle in einer gemeinsamen Veranstaltung betrachtet werden. Zu klären ist, wie in der jeweiligen Situation entschieden würde.

Eckpfeiler für die Führung sowie das gewünschte Führungsverhalten werden in das Change Canvas übertragen und transparent gemacht.

Beispiel

Im Versicherungskonzern finden mehrere Besprechungen mit allen Führungskräften auf unterschiedlichen Führungsebenen statt. In diesen werden die Eckpfeiler bzw. die Leitplanken für die anstehende Veränderung diskutiert. Alle Ideen und Befürchtungen bekommen den nötigen Raum zur Klärung. Jede Kritik und jeder Zweifel sind erlaubt, solange gleichzeitig ein Vorschlag gemacht wird, wie entsprechende Anpassungen durchgeführt werden können. Nach langer Diskussion wird ein Rahmen definiert, wie in der Veränderung geführt werden soll.

Gelbe Haftnotizen im Change-Canvas-Feld „Führung" sind wie folgt beschriftet:

- Führen auf Augenhöhe
- Weniger Kontrolle, mehr Selbstverantwortung
- Fordern und Fördern
- Die Führungskraft als Coach

3.7 Gemeinsames Selbstverständnis und Akzeptanz

In einer Veränderung ist es wichtig, dass bei sämtlichen von der Veränderung betroffenen Personen, eine Akzeptanz bzw. ein Selbstverständnis in Bezug auf den Wandel eintritt. Die Schwierigkeit besteht darin, dass es unterschiedliche Erwartungen und Wahrnehmungen hierzu gibt.

Das Selbstverständnis zielt auf die Übernahme der Verantwortung für sich selbst ab und fördert das notwendige „Commitment" für den Wandel. Über die

Beteiligung am Prozess und die Kommunikation des Sinns der Zielerreichung kann das Selbstverständnis bei allen Beteiligten erzeugt werden. Wie die Anordnung im Change Canvas zeigt, hat dieses Thema sehr viel mit der Dringlichkeit, den Beteiligten und dem Thema Führung zu tun. Die Aktionen resultieren in Kommunikationsmaßnahmen.

Mögliche Beispiele für ein gelebtes Selbstverständnis sind das aktive Beteiligen der Betroffenen am Veränderungsprojekt (vgl. Sprenger 2012) und die Bereitschaft, sich selbst zu verändern. Als Führungskraft sind die notwendigen Ressourcen und das erforderliche Budget zur Verfügung zu stellen. Mitarbeiter sollen die Selbstverantwortung für bestimmte Themen übernehmen und sich selbst motivieren. Eine freiwillige Teilnahme an Schulungen zur Verbesserung der Fähigkeiten, welche nach der Veränderung benötigt werden, ist sinnvoll.

Die Motivation von Menschen setzt sich (in Anlehnung an Sprenger 2010, S. 51 ff.) zusammen aus der Fähigkeit, der Bereitschaft und der Möglichkeit etwas zu tun. Führungskräfte müssen ein Umfeld schaffen, in dem Mitarbeiter die neuen Themen kennen und können, umsetzen wollen und sollen sowie dürfen. Ansonsten können sich eine motivierte Mitarbeit und das Selbstverständnis nicht ergeben. Die Führungskräfte müssen die Veränderung mittragen. Nur wenn Einigkeit besteht und alle an einem Strang ziehen, gelingen die Schritte in Richtung der Vision.

Sämtliche Themen und Ergebnisse über das Selbstverständnis werden im Change Canvas dokumentiert. Die Punkte gilt es im Projekt regelmäßig zu reflektieren und zu klären, inwieweit sich etwas verändert. Eine Aufgabe ist es zu prüfen, wie sich die Personen im Projekt an das Selbstverständnis halten.

Das Feld für das Selbstverständnis ist im Change Canvas gelb und gehört selbstverständlich zur Dimension der Kultur. Das Symbol zur Visualisierung ist der ausgestreckte Daumen nach oben. Die folgenden Fragestellungen dienen der Erarbeitung dieses Aspektes:

- Welches eigene Verhalten ist notwendig?
- Wie wird ein Commitment anderer erzeugt?

Fragen

Die folgenden Fragestellungen unterstützen die Thematik des Selbstverständnisses:

- Welchen Sinn hat die Veränderung?
- Wie kann die Veränderung unterstützt werden?
- Was ist der Beitrag jedes Einzelnen zur Zielerreichung?

- Wie sieht eine positive Haltung gegenüber der Veränderung aus?
- Was braucht es für ein Selbstverständnis bzw. was für ein Commitment?
- Wie kann eine Demotivation der Mitarbeiter vermieden werden?
- Welche Voraussetzungen müssen geschaffen werden, um die Veränderung zu ermöglichen?
- Woran kann die Verpflichtung erkannt werden?

Bei der Umsetzung dieses Themas wird das Selbstverständnis thematisiert. Dabei geht es um die Klärung, was Führungskräfte und Mitarbeiter unter einem Commitment bzw. einem gelebten und aktiven Selbstverständnis für die aktuelle Veränderung verstehen. Fragestellungen sind hierzu, woran erkannt werden kann, dass ein positives Selbstverständnis gegenüber der Veränderung besteht und wie dies in den Alltag übergehen kann. Nach einem gemeinsamen Verständnis kann in Teams erarbeitet werden, wie sich das Selbstverständnis in bestimmten Situationen zeigen sollte und damit eine Veränderung im Führungsverhalten und der Mitarbeitereinbeziehung entsteht.

Beispiel

Die Führungskräfte des Versicherungskonzerns haben die aktive Beteiligung der Mitarbeiter am Veränderungsprozess ausdrücklich erlaubt. Die Mitarbeiter können in diesem Rahmen selbstbestimmt an Veränderungsaktivitäten und Projekten teilnehmen. Hierfür werden sie freigestellt. Projekte, welche nicht zur Veränderungsinitiative gehören, werden niedriger priorisiert. Somit ergibt sich die Möglichkeit notwendige Kapazitäten freizuspielen. Den Mitarbeitern wird sehr viel mehr Verantwortung übertragen und das Ausprobieren und Lernen ist erlaubt.

Im Feld „Selbstverständnis" des Change Canvas haben die Führungskräfte Regeln und den Rahmen für den aktuellen Umgang mit den Mitarbeitern festgelegt und beschrieben.

3.8   Sichtbare Erfolge feiern und Vorteile erreichen

Für eine Veränderung ist es essenziell wichtig, positive Schritte zu würdigen. Erfolge sichtbar zu machen und zu feiern, zeigt das Gute der Veränderung. Dies fördert das notwendige Durchhaltevermögen und gibt Energie für den weiteren Weg der Veränderung. Auch zum Abschluss einer Veränderung sind die Erfolge wichtig. Daraus entsteht eine gute Basis für künftige Veränderungen. Erreichte Meilensteine unterstützen den Rückweg in die alte Welt abzuschneiden.

Aus den Erfolgsfaktoren sowie den quantitativen und qualitativen Kennzahlen werden Erfolgsfaktoren und Vorteile abgeleitet. Die Vorteile sind wichtig und bilden zudem ergänzende Aspekte für eine überzeugende Kommunikation. Für die Mitarbeiter muss die vierte Frage der Abb. 1.1: „Was habe ich davon?" beantwortet werden.

Das Change-Canvas-Feld „Erfolge & Vorteile" ist blau und gehört zur Dimension des Prozesses. Das Symbol ist ein Pokal. Die folgenden Fragestellungen dienen der Erarbeitung dieses Aspektes:

- Welche Vorteile bringt die Veränderung?
- Welche Erfolge können erzielt werden?

Fragen

Die Vorteile und Erfolge sind über die folgenden Fragen zu erkunden:

- Welche Vorteile ergeben sich durch die Verwirklichung der Ziele?
- Welche Kennzahlen werden sich positiv entwickeln?
- Welche Rückwege müssen abgeschnitten werden?
- Wie werden Erfolge transparent gemacht?
- Was ist das Gute für die Mitarbeiter im Rahmen der Veränderung?

Methodisch eignet sich die Durchführung einer SWOT-Analyse (Strengths – Stärken, Weaknesses – Schwächen, Opportunities – Chancen, Threats – Risiken) mittels eines gemeinsamen Brainstormings. Gerade die Themen der Stärken und Chancen sind für das Finden von Vorteilen sehr relevant.

Das Feld im Change Canvas dient der Aufzählung dieser wichtigen Impulse und der Veränderungsbeschleuniger. Die Inhalte eignen sich im weiteren Verlauf für die Kommunikation.

Während der Veränderung sollen die Erfolge transparent gemacht werden. Für eine sichtbare Umsetzung können sie beispielsweise mit Haftnotizen an einer „Erfolgswand" von jedem und für jeden sichtbar platziert werden. Nach und nach werden es mehr Notizen mit Erfolgen und können so gewürdigt werden. Dabei zählen kleine Erfolge genauso wie größere.

Beispiel

Bei der Versicherung tragen die blauen Haftnotizen im Change-Canvas-Feld „Erfolge" die folgenden Inhalte:

- Effizientere und qualitativ bessere Prozesse
- Prototyp erstellt

„Sounding-Board" im Sinne eines Resonanzkörpers. Bei einem Treffen sind die Mitarbeiter gefragt, ihre Stimmung an das Management zurück zu spiegeln und somit einen Sensor für die Stimmung während der Veränderung zu haben.

Es gibt viele weitere Methoden und Formate, welche in vielfältiger Literatur nachzulesen sind. Eines vereint die Methoden jedoch immer: Sie basieren auf der so wichtigen Kommunikation und dem Austausch der beteiligten Menschen.

Im Change Canvas werden unter dem Aspekt der Kommunikationsmaßnahmen die jeweiligen für den Bereich betreffenden Maßnahmen und deren Häufigkeit tabellarisch in einem Kommunikationsplan dargestellt.

Beispiel

Im Versicherungskonzern arbeitet die Abteilung für Unternehmenskommunikation eng mit dem Projektteam für die Veränderung zusammen. Mitarbeiterbefragungen werden durchgeführt, welche Klarheit über die notwendige Informationshäufigkeit, die Informationsinhalte und die Kommunikationskanäle im Kontext der Veränderung geben. Die Rückmeldungen werden mit den Kommunikationsanforderungen des Konzerns zu einem vollständigen Kommunikationsplan ausgearbeitet. Die Erwartungshaltung der Mitarbeiter wird hierbei den einzelnen Bereichen zur Verfügung gestellt, damit diese ihre Kommunikation ebenso anpassen können. So wird das Feld Kommunikationsmaßnahmen entsprechend mit Kommunikationsmaßnahmen befüllt.

3.10   Maßnahmen entwickeln

Für das permanente und iterative Weiterarbeiten am laufenden Veränderungsprozess ist es notwendig, einen Maßnahmenplan aufzustellen. Dieser gibt Orientierung, Verbindlichkeit und Nachhaltigkeit für die Veränderung. Während kleine und schnelle Maßnahmen zu Beginn der Veränderung gut funktionieren, kann es vorkommen, dass der Schwung zu einem späteren Zeitpunkt verloren geht. Klare und verbindliche Maßnahmen inklusive der Maßnahmenverfolgung helfen, die Veränderung weiter in Richtung der Ziele zu führen.

Klassisch werden Maßnahmenpläne wie im Projektmanagement tabellarisch mit Verantwortlichkeiten und dem Umsetzungszeitpunkt aufgestellt. Gleichzeitig dient der Plan der regelmäßigen Besprechung und Verfolgung der Umsetzungsstände.

Das Feld mit dem Change-Canvas-Aspekt „Maßnahmen" ist blau und gehört zur Dimension des Prozesses. Ein Haken symbolisiert diesen Aspekt. Die folgenden Fragestellungen dienen der Erarbeitung dieses Aspektes:

- Welche Maßnahmen sind wann durch wen umzusetzen?
- Welche Methoden werden eingesetzt?

Fragen

Fragestellungen für die Entwicklung der Maßnahmen sind:

- Welche Schritte müssen getan werden, um die definierten Ziele zu erreichen?
- Welchen Einfluss hat die Maßnahme auf die Erfolgsfaktoren und Kennzahlen?
- Sind die Maßnahmen vollständig und überschneidungsfrei, sodass das Ziel erreicht werden kann?

Methodisch eignet sich ein Zielableitungsprozess, welcher in einen Maßnahmenplan, in Form eines taktischen Implementierungsplans, mündet (Bertagnolli 2018, S. 324 f.). Durch diese Struktur werden die Maßnahmen und Themen transparent und somit nachhaltig verfolgbar. Der Plan dient während des Projekts der Maßnahmenverfolgung und zeigt gleichzeitig eventuelle Rückstände an.

Beispiel

Bei der Versicherung befinden sich im blauen Change-Canvas-Feld rechts unten die Maßnahmen in Form eines Plans und einer Liste.

Beispielhafte Maßnahmen sind unter anderem die Folgenden, welche jeweils mit Enddatum und Verantwortlichen gekennzeichnet sind:

- Markt- und Kundenanalyse
- Analyse der aktuellen Prozesse
- Erstellung einer Blaupause für die neuen optimierten Prozesse
- Prüfung der Prozesse auf Digitalisierbarkeit
- Umsetzung der Automatisierung von geeigneten Prozessen
- Prototyp erstellen und mit ausgewählten Kunden testen
- Rollendefinition für das überarbeitete Prozessmodell
- Schulung der Mitarbeiter und Aufbau von Entscheidungskompetenzen
- Implementierung neuer Prozesse
- Start der neuen Prozesse und Angebote für die Kunden
- Werbemaßnahmen und Kommunikation an die Kunden

Abschluss 4

Abschließend wird der Einsatz des Change Canvas in der Praxis beleuchtet. Hier findet sich auch eine leere Vorlage des Change Canvas. Eine Zusammenfassung und ein Ausblick folgt. Im letzten Unterkapitel stellen sich die Autoren dieses Buches kurz vor.

4.1 Einsatz in der Praxis

Das Change Canvas ist ein Arbeitswerkzeug und gleichzeitig die Methode zur Begleitung von Veränderungsprozessen. Für den eigenen Veränderungsprozess kann es ebenso einsetzt werden, wie für eine Veränderung im Team oder eine Transformation einer Organisation. Die visuelle Form unterstützt den Prozess der Begleitung und ermöglicht das Erarbeiten der Vorgehensweise für den Wandel.

Das Change Canvas kann neben dem Projekteinsatz in Trainings eingebunden werden. Durch die einfache und visuelle Art ist es auch in anderen Sprachen und Kulturen gut einsetzbar.

Die Anwendungsfelder für das Change Canvas sind vielfältig. Beispiele sind Workshops, Projekte, Trainings oder auch Fallstudien. Zielgruppen sind des Weiteren auch der Projektleitungskreis, die Change-Agenten und die Prozessoptimierer.

Das Change Canvas kann als großes Plakat oder im Format DIN-A3 verwendet werden. Ein eigenständiges Anpassen und Verbessern sei erlaubt, dient es schließlich der besseren Passung oder Weiterentwicklung.

© Springer Fachmedien Wiesbaden GmbH, ein Teil von Springer Nature 2018 39
F. Bertagnolli et al., *Change Canvas*, essentials,
https://doi.org/10.1007/978-3-658-23030-2_4

4.2　Vorlage

Die Vorlage in Farbe mit Fragen (Abb. 2.1) und in schwarz-weiß (Abb. 4.1) sowie weitere Varianten können über das Internet heruntergeladen werden: http://www. bertagnolli.de/buch/canvas.

4.3　Zusammenfassung und Ausblick

Das Change Canvas ist ein visuelles Werkzeug für die Unterstützung von Veränderungsprozessen und Transformationen in einer beschleunigten Welt. Als agile Methode unterstützt es das Change Management durch Transparenz, Beteiligung der Betroffenen, Berücksichtigung der wichtigen Change-Management-Methoden und die Arbeit auf den drei Ebenen der Veränderung: Strategie, Prozess und Kultur. So ist das Besondere am Change Canvas der ganzheitliche Ansatz zur Veränderungsbegleitung, der auch die prozessualen und kulturellen Aspekte betrachtet und in das Zentrum der Veränderung stellt. Die Komplexität einer Veränderung wird damit für alle Beteiligten begreifbarer.

Das Change Canvas lebt durch seine Anwendung. Dabei ist davon auszugehen, dass sich auch das Change Canvas je nach Kontext, Branche, Veränderungsthema und Kultur verändern und auch weiterentwickelt wird.

4.4　Autorenteam

Prof. Dr.-Ing. Frank Bertagnolli ist Professor für Lean Production und Ressourceneffizienz an der Hochschule Pforzheim. Neben den Themen des Lean Managements unterrichtet der Diplom-Wirtschaftsingenieur auch Change Management in Bachelor- und Masterstudiengängen. Er ist zudem selbstständiger Berater und Coach und trainiert seit vielen Jahren Führungskräfte zu den Themenfeldern rund um Lean und Change Management.

Susanne Bohn ist Inhaberin von susanne bohn Leadership Competence, eine Akademie mit einem umfassenden Seminar- und Coachingangebot, die Führungskräfte unterstützt, ihre Kompetenzen für die digitale Arbeitswelt zu stärken. Seit 1998 qualifiziert und berät sie Unternehmer und Führungskräfte zur Mitarbeiterführung sowie zur professionellen Umsetzung von Veränderungsprozessen. Mit einem erfahrenen Expertenteam unterstützt Sie Firmen im Prozess der digitalen Transformation.

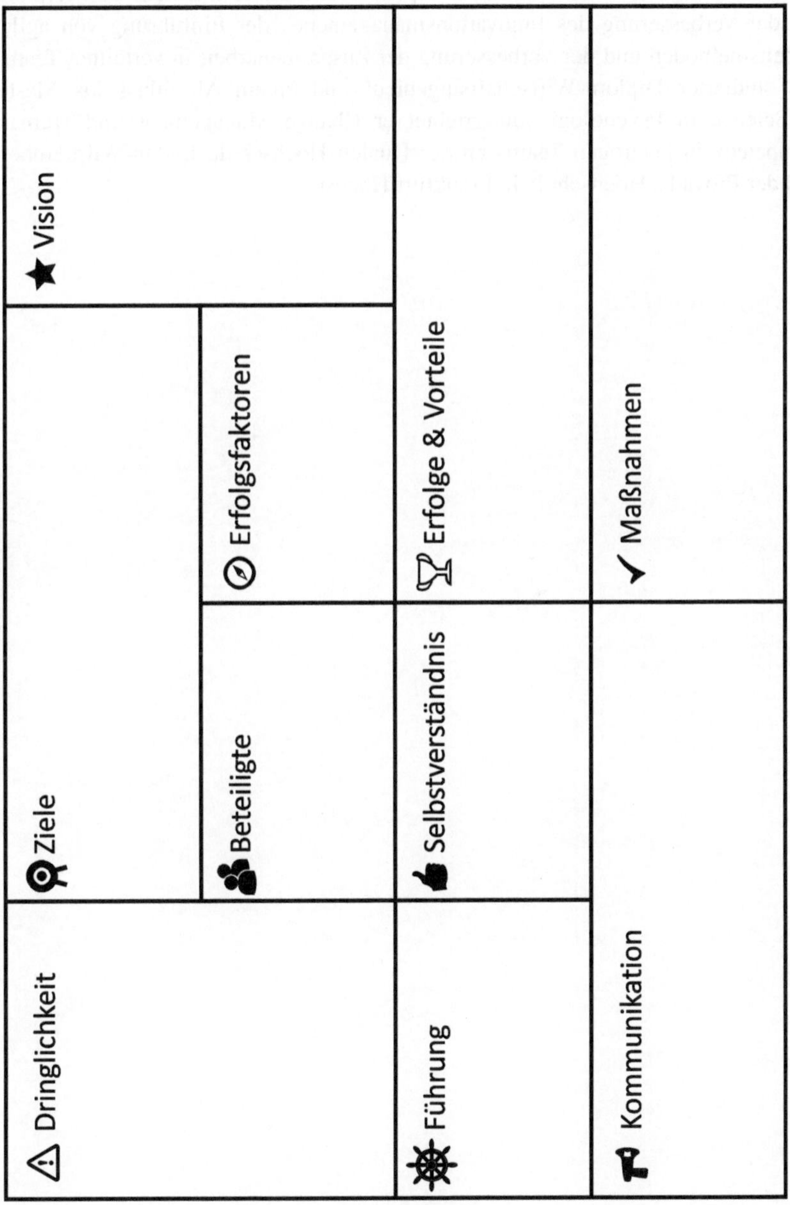

Abb. 4.1 Vorlage für das Change Canvas in schwarz-weiß mit leeren Feldern

Frank Waible ist selbstständiger Organisationsberater mit dem Schwerpunkt auf der Verbesserung des Innovationsmanagements, der Einführung von agilen Arbeitsmethoden und der Verbesserung der Zusammenarbeit in verteilten Teams. Als studierter Diplom-Wirtschaftsingenieur und einem Abschluss als Master of Science in Psychologie unterrichtet er Change Management und Humankompetenz in heterogen Teams an der Dualen Hochschule Baden-Württemberg und der Provadis Hochschule in Frankfurt/Höchst.

Was Sie aus diesem *essential* mitnehmen können

- Ein neues Tool zur Umsetzung von Veränderungen
- Transparenz über den Veränderungsprozess
- Veränderungsbeschleuniger für die Ebenen Strategie, Prozess und Kultur
- Alltagstaugliche Methoden, Maßnahmen und Impulse, welche helfen, einen Veränderungsprozess für alle Beteiligten sinnstiftender zu gestalten
- Eine Operationalisierung für das Change Management bei Veränderungen und Transformationen
- Die Wichtigkeit der Dringlichkeit und die Notwendigkeit einer Vision
- In Veränderungen Betroffene zu Beteiligten machen und diese mit in den Prozess der Veränderung einbinden
- Erfolgsfaktoren definieren und mit diesen die Umsetzung steuern
- Führungsstil gemäß der Veränderung anpassen

© Springer Fachmedien Wiesbaden GmbH, ein Teil von Springer Nature 2018   43
F. Bertagnolli et al., *Change Canvas*, essentials,
https://doi.org/10.1007/978-3-658-23030-2

Literatur

Aiken C, Keller S (2009) The irrational side of change management. McKinsey Quarterly 2:101–109

Anderson J (2014) The lean change method – managing agile organizational transformation using kanban, kotter, and lean startup thinking. Leanpub, Victoria

Bertagnolli F (2018) Lean Management – Einführung und Vertiefung in die japanische Management-Philosophie. Springer Gabler, Wiesbaden

Brand M, Ion F, Wittig S (2016) Handbuch der Persönlichkeitsanalysen: Die führenden Tools im Überblick, 2. Aufl. Gabal, Offenbac

Brown J, Isaacs D (2005) The world café: shaping our futures through conversations that. Berrett-Koehler, San Francisco

Dennis P (2006) Getting the right things done: a leader's guide to planning and execution. Lean Enterprise Institute, Cambridge

Fraunhofer (2011) ChangEffect. https://www.ipt.fraunhofer.de/content/dam/ipt/de/documents/Presse/Auswertung_ChangEffect_Mutaree-FraunhoferIPT.pdf. Zugegriffen: 21. Apr. 2018

Gairing F (2017) Organisationsentwicklung: Geschichte – Konzepte – Praxis, 1. Aufl. Kohlhammer, Stuttgart

Kim WC, Mauborgne R (2004) Blue ocean strategy. Harvard Bus Rev 10:76–84

Kim WC, Mauborgne R (2016) Der Blaue Ozean als Strategie: Wie man neue Märkte schafft, wo es keine Konkurrenz gibt, 2. Aufl. Hanser, München

Kotter JP (1996) Leading change. Harvard Business School Press, Boston

Kotter JP (2008) A sense of urgency. Harvard Business School Publishing, Boston

Kotter JP (2015) Accelerate – Strategische Herausforderungen schnell. Agil und kreativ begegnen. Vahlen, München

Little J (2016) Lean Change Management – Innovative Ansätze für das Management organisationaler Veränderung. Happy Melly Express, Rotterdam

Osterwalder A, Pigneur Y (2011) Business Modell Generation – Ein Handbuch für Visionäre, Spielveränderer und Herausforderer. Campus, Frankfurt a. M.

Rowland D, Higgs M (2008) Sustaining change: leadership that works. Jossey-Bass, San Francisco

Scharmer CO (2009) Theorie U – Von der Zukunft her führen: Presencing als soziale Technik. Carl-Auer, Heidelberg

© Springer Fachmedien Wiesbaden GmbH, ein Teil von Springer Nature 2018   45
F. Bertagnolli et al., *Change Canvas*, essentials,
https://doi.org/10.1007/978-3-658-23030-2

Sobek DK, Smally A (2008) Understanding A3 thinking: a critical component of Toyota's
    PDCA management system. Taylor & Francis, New York
Sprenger RK (2007) Das Prinzip Selbstverantwortung – Wege zur Motivation, 12. Aufl.
    Campus, Frankfurt
Sprenger RK (2010) Mythos Motivation – Wege aus der Sackgasse, 19. Aufl. Campus,
    Frankfurt
Streich RK (1997) Veränderungsprozessmanagement. In: Reiß M, von Rosenstiel L
    (Hrsg) Change Management – Programme, Projekte und Prozesse. USW Schriften für
    Führungskräfte 31:237–254